Fachliche Beratung:
Prof. Dr. Matthias Lauscher

Übersetzung und Redaktion der deutschen Ausgabe: Jürgen Witznick

Die Deutsche Bibliothek – CIP-Einheitsaufnahme

Eskimos – Leben im ewigen Eis
Text von Bernard Planche. Ill. von Donald Grant.
[Übers. und Red. der dt. Ausg.: Jürgen Witznick]. –
1. Aufl. – Ravensburg: Ravensburger Buchverl. Maier, 1995
(Die Welt entdecken)
Einheitssacht.: Vivre au Groenland avec les Esquimaux <dt.>
ISBN 3-473-35788-X
NE: Planche, Bernard; Grant, Donald; Witznick, Jürgen [Übers.]; EST

95 96 97 98 99 5 4 3 2 1

ISBN 3-473-35788-X

Eskimos – Leben im ewigen Eis

Text von Bernard Planche
Illustriert von Donald Grant

DIE WELT ENTDECKEN

Rund um den Nordpol erstreckt sich das Gebiet der Arktis. Dort, im kalten Norden, liegt Grönland, die größte Insel der Erde.

Seine Bewohner sind die Eskimos.
Sie nennen sich selbst „Inuit“. Sie leben an den Küsten, denn das Landesinnere ist immer von Schnee und Eis bedeckt. Es ist sehr kalt in Grönland, und auch an den Küsten schmilzt der Schnee nur selten. Im Winter steht die Sonne tief über dem Horizont, ganz im Norden geht sie sogar monatelang nicht mehr auf.

„Inuit“ heißt: Mensch

Riesige Eisberge treiben im Meer.

Ein Seehundfell und ein Eisbärfell werden im Freien getrocknet.

Die Eskimos leben vom Fischfang und von der Jagd, denn auf dem gefrorenen Boden kann man weder Obst noch Gemüse anbauen. Kleine Dörfer mit bunten Häusern verteilen sich über die schneebedeckte Landschaft. Draußen in der Kälte werden getrocknete Fische aufbewahrt, so halten sie sich lange. Die Kajaks und die Schlitten werden von den Eskimos so aufgehängt, daß die Hunde nicht auf den Lederriemen herumbeißen können. In Grönland leben doppelt soviel Hunde wie Menschen.

Handgeschnitzte Figuren aus Zähnen von Pottwalen

Im Winter verbringt man die langen Abende zu Hause.

Ein großer Herd erwärmt die Stube und dient auch zum Kochen. Die Eltern gerben Tierhäute und stellen Harpunen (Lanzen) für den Fischfang her. Die Kinder prüfen ihre Geschicklichkeit: Sie versuchen, kleine Pfeile in einen durchlöcherten Knochen zu stoßen.
Früher haben Eskimos ihre Stuben mit Zeitungen tapeziert, um noch besser vor der Kälte geschützt zu sein.

Was essen die Eskimos?
Meist ernähren sie sich von getrocknetem oder gekochtem Fleisch oder Fisch und von Seehundspeck. Dazu essen sie gern Reis, der mit Schiffen nach Grönland gebracht wird.
Wenn sie Wasser brauchen, lassen sie ein Stück Eis in einem großen Topf schmelzen.

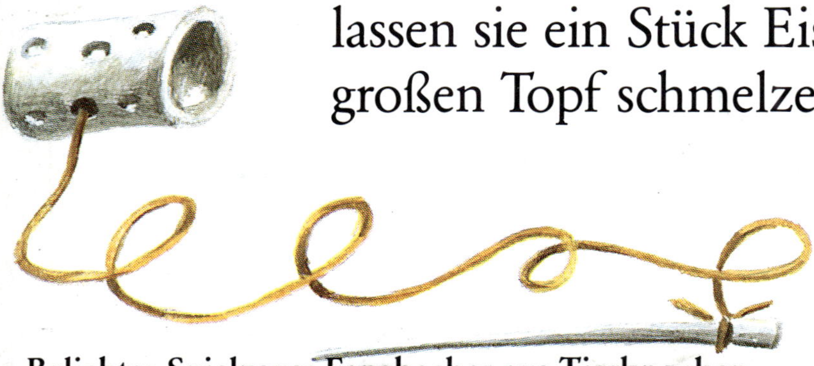

Beliebtes Spielzeug: Fangbecher aus Tierknochen

Leder wird durch Kauen geschmeidig gemacht, um es leichter verarbeiten zu können.

Die Eskimos müssen sich immer warm anziehen.

Ihre Hosen und ihre Anoraks sind aus den Fellen von Bären, Seehunden oder Karibus (nordischen Hirschen). Dazu tragen sie gleich zwei Paar Stiefel übereinander. Auf diese Weise geschützt, verlassen sie sogar bei fünfzig Grad unter Null ihre Häuser.

Kleidung der Eskimos in Thule, im Norden Grönlands.

An besonderen Festtagen tragen die Frauen einen Kittel, an dem ein aus Porzellanperlen gefertigter Umhang befestigt ist. Mit viel Geduld und künstlerischem Geschick werden immer neue, schöne Muster entworfen. Zu diesem Gewand tragen junge Frauen weiße, die älteren rote Stiefel.

Mit dem Ulo, dem „Frauenmesser“, werden Tierhäute abgeschabt.

Auch im Norden Grönlands gibt es Geschäfte, in denen man Werkzeug und Geschirr einkaufen kann. Der Briefträger und der Arzt legen weite Wege mit dem Hubschrauber zurück.

TEA

Die Hunde der Eskimos

Sie begleiten ihren Herrn zur Jagd und zum Fischen. Meist wird ein Dutzend von ihnen vor einen Schlitten gespannt. Ganz vorne läuft der klügste und mutigste: der Leithund. Er gehorcht den Anweisungen seines Herrn und führt die anderen Schlittenhunde.

Oft ist der Leithund ein Weibchen, und es sind seine Jungen, die den Schlitten durch den tiefen, weglosen Schnee ziehen.

Der Schlittenführer muß oft die Zugseile seiner Hunde entwirren.

Ein dickes Fell schützt die Hunde gut gegen die Kälte. Deshalb können sie auch im Freien schlafen. Dort rollen sie sich zu einer Kugel zusammen.

Unermüdlich ziehen sie ihre schwere Fracht hinter sich her. Ein Jäger nimmt auf seine mehrtägige Fahrt nämlich viele Dinge mit: Gewehr, Axt, Harpune, Säge, Felldecken, Zelt, Lebensmittel…

Der Schlittenführer ruft seinen Hunden „illi-illi“ zu, wenn sie nach rechts, und „ka-ka“, wenn sie nach links laufen sollen.

Wenn es bergab geht, bleiben die Hunde hinter dem Schlitten und halten ihn zurück, damit er nicht zu schnell wird.

Ein Hai wird gefangen.

Der Fischer schlägt ein Loch ins Eis und wirft einen Köder an einer Angelschnur ins Wasser. Mit dem Köder verschlingt der Hai einen

Haken, mit dem er nach hartem Kampf aus dem Wasser gezogen wird.
Frisches Haifleisch schmeckt nicht gut, aber getrocknet mögen es die Hunde.

Das Innere eines Iglus von oben gesehen.

Wenn die Jäger in Nordgrönland einmal so weit hinausgefahren sind, daß sie mehrere Tage nicht mehr in ihr Dorf zurückkehren, bauen sie sich einen Schutzraum gegen die Kälte: ein Iglu. Mit einer Säge schneiden sie große Stücke aus dem Eis; früher verwendeten sie dazu ein Messer aus Tierknochen. Die Eisblöcke fügen sie wie zu einem Schneckenhaus zusammen und sind so gegen den Frost und den kalten Wind abgeschirmt. Das Licht dringt durch das Eis: Im Iglu bleibt es hell.

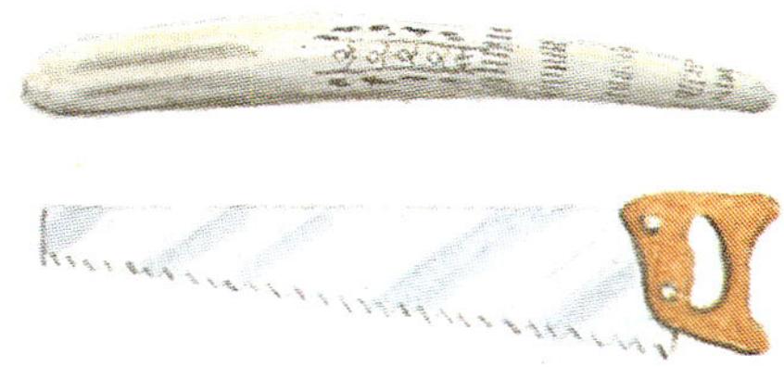

Im Inneren des Iglus sitzen die Jäger auf Bänken aus Eis und bereiten sich ein Essen zu.

5
4
1
3
6
2

Moschusochsen

Tiere, die in der Kälte leben.

Das weiße Fell ist eine gute Tarnung für den Polarfuchs (1) und den Eisbären (2). Im Winter ziehen der Wolf (3) und das Karibu (4) in den nicht ganz so eisigen Süden Grönlands. Das Nordmeer ist reich an winzigen Lebewesen, dem Plankton. Dadurch werden die Wale (5) angelockt. Seehunde (6) leben von Fischen; Walrosse sind Feinschmecker: Sie essen gerne Muscheln.

Geschnitzte Pfeife aus einem Walroßzahn

Walrosse durchwühlen mit ihren Stoßzähnen den Meeresboden nach Muscheln.

Manchmal schläft der Eisbär sogar auf dem Eis.

Gut gepolstert mit einer dicken Speckschicht und einem zotteligen Fell, kann ihm die Kälte nichts anhaben. Er kann gut tauchen und jagt im Eiswasser geschickt nach Fischen.

Ein Eisbär kann bei einer Mahlzeit hundert Kilo verschlingen. Manchmal greift er auch Seehunde an, die sich auf dem Packeis ausruhen. Aber wenn er keine Beute findet, gibt er sich auch mit Moos und Flechten zufrieden.

Das Weibchen bekommt nur einmal in zwei Jahren Junge. Sie sind bei der Geburt erst so groß wie Kaninchen. Ihre Mutter säugt sie 18 Monate lang.

Seehunde sind vorzügliche Schwimmer.

Sie sind aber keine Fische, sondern Säugetiere. Darum müssen sie immer wieder auftauchen, um zu atmen. Wenn das Meer zufriert, bohren sie sich Atemlöcher in das Eis. Im Sommer dösen die Seehunde manchmal in der Sonne, um sich zu wärmen.

Die Seehundbabys können erst nach einem Monat ins Wasser. Dann ist ihr Fell dicht genug.

Dann werden sie oft von Eskimos gejagt, die sich hinter einer weißen Leinwand verbergen.

Ein Jäger muß sich aber geräuschlos anschleichen, denn Seehunde sind mißtrauisch und flüchten schnell.

Harpune

Warum die Eskimos Seehunde jagen

Das Fleisch und das Fett dieser Tiere dient ihnen als Nahrung, das Fell verarbeiten sie zu Kleidung. Aus den Knochen schnitzen sie Spielzeug und verschiedene Gebrauchsgegenstände, und aus den Sehnen lassen sich haltbare Schnüre anfertigen.

Jagen mit dem Kajak

Mit diesem kleinen, wendigen Boot können sich die Jäger sehr schnell fortbewegen. Es ist ganz mit Robbenfellen verkleidet und hat nur eine kleine Öffnung, durch die man hineinschlüpft.

Der Frühling kehrt zurück.

Jetzt steht die Sonne immer höher am Himmel, und Ende Juni geht sie sogar gar nicht mehr unter.

Wenn das Meer vom Eis befreit ist, bringen Handelsschiffe wieder frisches Obst nach Grönland.

Die Vögel kehren so zahlreich an die Küste zurück, daß man sie mit Netzen fangen kann.

Eider-ente

In Grönland gibt es nur einen sehr kurzen Sommer, doch bevor wieder die große Kälte hereinbricht, können die Eskimos verschiedene Kräuter und Beeren, zum Beispiel Blaubeeren, sammeln.

In Kanada werden die Schlittenhunde immer mehr von Motorfahrzeugen abgelöst. Sie heißen Schneemobile.

Die Eskimos bewohnen nicht nur Grönland.

Manche leben in Nordkanada, andere in Sibirien, dem Norden der Sowjetunion – aber alle nahe am Nordpol.

Die Eskimos, die in Grönland leben, sind von der Staatszugehörigkeit her Dänen.
Die Eskimos sprechen zwar nicht alle dieselbe Sprache, aber sie verstehen sich doch, denn sie haben alle dieselbe Lebensweise.

In Lappland werden Schlitten von Rentieren gezogen.

In den Wäldern Kanadas bestehen die Wohnsiedlungen aus Blockhäusern.

Auch andere Völker leben in kalten Regionen.

Die Lappen leben in Nordeuropa; sie besitzen große Rentierherden. Die Indianer in den kanadischen Wäldern gehören verschiedenen Stämmen an: den Algonkin, den Irokesen und den Huronen.

Raupenfahrzeuge kommen im Schnee besser vorwärts.

Auch die Indianer haben Schlittengespanne.

Die Robben

Weil rundherum nur Eis ist
und es überhaupt nicht heiß ist,
liegen die Robben mit Wonne
in der sparsamen Sonne.

Sie robben, kullern und tollen
über die glitschigen Schollen,
suchen den schönsten Sonnenfleck,
schubsen die anderen Robben weg.

Sie liegen mit ihren Kindern,
wärmen den Bauch und den Hintern,
wärmen den Hals, wärmen den Fuß,
grunzen ganz leise vor Genuß.

Geht dann die Sonne unter,
werden die Robben munter.
Sie plumpsen hinter ihr her
und suchen die Sonne im Meer.

Die Scholle funkelt noch einmal
im allerletzten Sonnenstrahl,
dann liegt sie still und weiß,
rundum nur Meer und Eis.

Dietlind Neven du Mont